PAPA FRANCISCO

MISERICORDIAE VULTUS
O ROSTO DA MISERICÓRDIA

BULA DE PROCLAMAÇÃO
DO JUBILEU EXTRAORDINÁRIO
DA MISERICÓRDIA

Direção-geral: *Bernadete Boff*
Editora responsável: *Maria Goretti de Oliveira*

1ª edição – 2015
9ª reimpressão – 2016

Nenhuma parte desta obra poderá ser reproduzida ou transmitida por qualquer forma e/ou quaisquer meios (eletrônico ou mecânico, incluindo fotocópia e gravação) ou arquivada em qualquer sistema ou banco de dados sem permissão escrita da Editora. Direitos reservados.

© 2015 – Libreria Editrice Vaticana

Paulinas
Rua Dona Inácia Uchoa, 62
04110-020 – São Paulo – SP (Brasil)
Tel.: (11) 2125-3500
http://www.paulinas.org.br
editora@paulinas.com.br
Telemarketing e SAC: 0800-7010081
© Pia Sociedade Filhas de São Paulo – São Paulo, 2015

Francisco
Bispo de Roma
Servo dos Servos de Deus
A quantos lerem esta carta,
graça, misericórdia e paz

1. Jesus Cristo é o rosto da misericórdia do Pai. O mistério da fé cristã parece encontrar nestas palavras a sua síntese. Tal misericórdia tornou-se viva, visível e atingiu o seu clímax em Jesus de Nazaré. O Pai, "rico em misericórdia" (Ef 2,4), depois de ter revelado o seu nome a Moisés como "Deus misericordioso e clemente, lento na ira, cheio de bondade e fidelidade" (Ex 34,6), não cessou de dar a conhecer, de vários modos e em muitos momentos da história, a sua natureza divina. Na "plenitude do tempo" (Gl 4,4), quando tudo estava pronto segundo o seu plano de salvação, mandou o seu Filho, nascido da Virgem Maria, para nos revelar, de modo definitivo, o seu amor. Quem o vê, vê o Pai (cf. Jo 14,9). Com a sua palavra, os seus gestos e toda a sua pessoa,[1] Jesus de Nazaré revela a misericórdia de Deus.

2. Precisamos sempre contemplar o mistério da misericórdia. É fonte de alegria, serenidade e paz. É condição da nossa salvação. Misericórdia: é a palavra

---

[1] Cf. Conc. Ecum. Vat. II, Const. dogm. *Dei Verbum*, n. 4.

que revela o mistério da Santíssima Trindade. Misericórdia: é o ato último e supremo pelo qual Deus vem ao nosso encontro. Misericórdia: é a lei fundamental que mora no coração de cada pessoa, quando vê com olhos sinceros o irmão que encontra no caminho da vida. Misericórdia: é o caminho que une Deus e o homem, porque nos abre o coração à esperança de sermos amados para sempre, apesar da limitação do nosso pecado.

3. Há momentos em que somos chamados, de maneira ainda mais intensa, a fixar o olhar na misericórdia, para nos tornarmos nós mesmos sinal eficaz do agir do Pai. Foi por isso que proclamei um *Jubileu Extraordinário da Misericórdia* como tempo favorável para a Igreja, a fim de se tornar mais forte e eficaz o testemunho dos crentes.

O Ano Santo abrir-se-á no dia 8 de dezembro de 2015, solenidade da Imaculada Conceição. Esta festa litúrgica indica o modo de agir de Deus desde os primórdios da nossa história. Depois do pecado de Adão e Eva, Deus não quis deixar a humanidade sozinha e à mercê do mal. Por isso, pensou e quis Maria santa e imaculada no amor (cf. Ef 1,4), para que se tornasse a Mãe do Redentor do homem. Perante a gravidade do pecado, Deus responde com a plenitude do perdão. A misericórdia será sempre maior do que qualquer pecado, e ninguém pode colocar um limite ao amor de Deus que perdoa. Na festa da Imaculada Conceição, terei a alegria de abrir a Porta Santa. Será então uma *Porta da Misericórdia*, onde qualquer pessoa que entre poderá experimentar o amor de Deus que consola, perdoa e dá esperança.

No domingo seguinte, o Terceiro Domingo de Advento, abrir-se-á a Porta Santa na Catedral de Roma, a Basílica de São João de Latrão. E em seguida será aberta a Porta Santa nas outras Basílicas Papais. Estabeleço que no mesmo domingo, em cada Igreja particular – na Catedral, que é a Igreja-Mãe para todos os fiéis, ou na Concatedral ou então numa Igreja de significado especial – se abra igualmente, durante todo o Ano Santo, uma *Porta da Misericórdia*. Por opção do Ordinário, a mesma poderá ser aberta também nos Santuários, meta de muitos peregrinos que frequentemente, nestes lugares sagrados, se sentem tocados no coração pela graça e encontram o caminho da conversão. Assim, cada Igreja particular estará diretamente envolvida na vivência deste Ano Santo como um momento extraordinário de graça e renovação espiritual. Portanto, o Jubileu será celebrado, quer em Roma, quer nas Igrejas particulares, como sinal visível da comunhão da Igreja inteira.

4. Escolhi a data de 8 de dezembro porque é cheia de significado na história recente da Igreja. Com efeito, abrirei a Porta Santa no cinquentenário da conclusão do Concílio Ecumênico Vaticano II. A Igreja sente a necessidade de manter vivo aquele acontecimento.

Começava então, para ela, um percurso novo da sua história. Os Padres, reunidos no Concílio, tinham sentido forte, como um verdadeiro sopro do Espírito, a exigência de falar de Deus aos homens do seu tempo de modo mais compreensível. Derrubadas as muralhas que, por demasiado tempo, tinham encerrado a Igreja numa cidadela privilegiada, chegara o tempo de anunciar o Evangelho de maneira nova. Uma nova etapa na evangelização de sempre. Um novo compromisso para todos os cristãos testemunharem, com mais entusiasmo e convicção, a sua fé. A Igreja sentia a responsabilidade de ser, no mundo, o sinal vivo do amor do Pai.

Voltam à mente aquelas palavras, cheias de significado, que São João XXIII pronunciou na abertura do Concílio para indicar a senda a seguir: "Nos nossos dias, a Esposa de Cristo prefere usar mais o remédio da misericórdia que o da severidade. (...) A Igreja Católica, levantando por meio deste Concílio Ecumênico o facho da verdade religiosa, deseja mostrar-se mãe amorosa de todos, benigna, paciente, cheia de misericórdia e bondade com os filhos dela separados".[2] E, no mesmo horizonte, havia de colocar-se o Bem-aventurado Paulo VI, que assim falou na conclusão do Concílio: "Desejamos notar que a religião do nosso Concílio foi, antes de mais, a caridade. (...) Aquela antiga história do

---

[2] Discurso de abertura do Concílio Ecumênico Vaticano II, *Gaudet Mater Ecclesia* (11 de outubro de 1962), n. 2-3.

bom samaritano foi exemplo e norma segundo os quais se orientou o nosso Concílio. (…) Uma corrente de interesse e admiração saiu do Concílio sobre o mundo atual. Rejeitaram-se os erros, como a própria caridade e verdade exigiam, mas os homens, salvaguardado sempre o preceito do respeito e do amor, foram apenas advertidos do erro. Assim se fez, para que, em vez de diagnósticos desalentadores, se dessem remédios cheios de esperança; para que o Concílio falasse ao mundo atual não com presságios funestos, mas com mensagens de esperança e palavras de confiança. Não só respeitou mas também honrou os valores humanos, apoiou todas as suas iniciativas e, depois de os purificar, aprovou todos os seus esforços. (…) Uma outra coisa, julgamos digna de consideração. Toda esta riqueza doutrinal orienta-se apenas a isto: servir o homem, em todas as circunstâncias da sua vida, em todas as suas fraquezas, em todas as suas necessidades".[3]

Com estes sentimentos de gratidão pelo que a Igreja recebeu e de responsabilidade quanto à tarefa que nos espera, atravessaremos a Porta Santa com plena confiança de ser acompanhados pela força do Senhor Ressuscitado, que continua a sustentar a nossa peregrinação. O Espírito Santo, que conduz os passos dos crentes de forma a cooperarem para a obra de salvação

---

[3] *Alocução na última sessão pública* (7 de dezembro de 1965).

realizada por Cristo, seja guia e apoio do Povo de Deus a fim de o ajudar a contemplar o rosto da misericórdia.[4]

5. O Ano Jubilar terminará na solenidade litúrgica de Jesus Cristo, Rei do Universo, em 20 de novembro de 2016. Naquele dia, ao fechar a Porta Santa, animar-nos-ão, antes de tudo, sentimentos de gratidão e agradecimento à Santíssima Trindade por nos ter concedido este tempo extraordinário de graça. Confiaremos a vida da Igreja, a humanidade inteira e o universo imenso à Realeza de Cristo, para que derrame a sua misericórdia, como o orvalho da manhã, para a construção de uma história fecunda com o compromisso de todos no futuro próximo. Quanto desejo que os anos futuros sejam permeados de misericórdia para ir ao encontro de todas as pessoas levando-lhes a bondade e a ternura de Deus! A todos, crentes e afastados, possa chegar o bálsamo da misericórdia como sinal do Reino de Deus já presente no meio de nós.

6. "É próprio de Deus usar de misericórdia e, nisto, se manifesta de modo especial a sua onipotência."[5] Estas palavras de Santo Tomás de Aquino mostram como a misericórdia divina não seja, de modo algum, um sinal de fraqueza, mas antes a qualidade da

---

[4] Cf. Conc. Ecum. Vat. II, Const. dogm. *Lumen gentium*, n. 16; Const. past. *Gaudium et spes*, n. 15.

[5] Tomás de Aquino, *Summa theologiae*, II-II, q. 30, a. 4.

onipotência de Deus. É por isso que a liturgia, numa das suas coletas mais antigas, convida a rezar assim: "Senhor, que dais a maior prova do vosso poder quando perdoais e Vos compadeceis...".[6] Deus permanecerá para sempre na história da humanidade como aquele que está presente, aquele que é próximo, providente, santo e misericordioso.

"Paciente e misericordioso" é o binômio que aparece, frequentemente, no Antigo Testamento para descrever a natureza de Deus. O fato de ele ser misericordioso encontra um reflexo concreto em muitas ações da história da salvação, onde a sua bondade prevalece sobre o castigo e a destruição. Os salmos, em particular, fazem sobressair esta grandeza do agir divino: "É ele quem perdoa as tuas culpas e cura todas as tuas enfermidades. É ele quem resgata a tua vida do túmulo e te enche de graça e ternura" (103[102],3-4). E outro salmo atesta, de forma ainda mais explícita, os sinais concretos da misericórdia: "O Senhor liberta os prisioneiros. O Senhor dá vista aos cegos, o Senhor levanta os abatidos, o Senhor ama o homem justo. O Senhor protege os que vivem em terra estranha e ampara o órfão e a viúva, mas entrava o caminho aos pecadores" (146[145],7-9). E, para terminar, aqui estão outras expressões do salmista: "[O Senhor] cura os de

---

[6] XXVI Domingo do Tempo Comum. Esta coleta já aparece, no séc. VIII, entre os textos eucológios do *Sacramentário Gelasiano* (1198).

coração atribulado e trata-lhes as feridas. (...) O Senhor ampara os humildes, mas abate os malfeitores até ao chão" (147[146],3.6). Em suma, a misericórdia de Deus não é uma ideia abstrata mas uma realidade concreta, pela qual ele revela o seu amor como o de um pai e de uma mãe que se comovem pelo próprio filho até o mais íntimo das suas vísceras. É verdadeiramente caso para dizer que se trata de um amor "visceral". Provém do íntimo como um sentimento profundo, natural, feito de ternura e compaixão, de indulgência e perdão.

7. "Eterna é a sua misericórdia": tal é o refrão que aparece em cada versículo do Salmo 136, ao mesmo tempo que se narra a história da revelação de Deus. Em virtude da misericórdia, todos os acontecimentos do Antigo Testamento aparecem cheios de um valor salvífico profundo. A misericórdia torna a história de Deus com Israel uma história da salvação. O fato de repetir continuamente "eterna é a sua misericórdia", como faz o salmo, parece querer romper o círculo do espaço e do tempo para inserir tudo no mistério eterno do amor. É como se se quisesse dizer que o homem, não só na história mas também pela eternidade, estará sempre sob o olhar misericordioso do Pai. Não é por acaso que o povo de Israel tenha querido inserir este salmo – o "grande *hallel*", como lhe chamam – nas festas litúrgicas mais importantes.

Antes da Paixão, Jesus rezou ao Pai com este salmo da misericórdia. Assim o atesta o evangelista Mateus quando afirma que, "depois de cantarem os salmos" (26,30), Jesus e os discípulos saíram para o Monte das Oliveiras. Enquanto instituía a Eucaristia, como memorial perpétuo dele e da sua Páscoa, Jesus colocava simbolicamente este ato supremo da Revelação sob a luz da misericórdia. No mesmo horizonte da misericórdia, viveu ele a sua paixão e morte, ciente do grande mistério de amor que se realizaria na cruz. O fato de saber que o próprio Jesus rezou com este salmo torna-o, para nós, cristãos, ainda mais importante e compromete-nos a assumir o refrão na nossa oração de louvor diária: "eterna é a sua misericórdia".

8. Com o olhar fixo em Jesus e no seu rosto misericordioso, podemos individuar o amor da Santíssima Trindade. A missão, que Jesus recebeu do Pai, foi a de revelar o mistério do amor divino na sua plenitude. "Deus é amor" (1 Jo 4,8.16): afirma-o, pela primeira e única vez em toda a Escritura, o evangelista João. Agora este amor tornou-se visível e palpável em toda a vida de Jesus. A sua pessoa não é senão amor, um amor que se dá gratuitamente. O seu relacionamento com as pessoas, que se abeiram dele, manifesta algo de único e irrepetível. Os sinais que realiza, sobretudo para com os pecadores, as pessoas pobres, marginalizadas, doentes e atribuladas, decorrem sob o signo da misericórdia.

Tudo nele fala de misericórdia. Nele, nada há que seja desprovido de compaixão.

Vendo que a multidão de pessoas que o seguia estava cansada e abatida, Jesus sentiu, no fundo do coração, uma intensa compaixão por elas (cf. Mt 9,36). Em virtude deste amor compassivo, curou os doentes que lhe foram apresentados (cf. Mt 14,14) e, com poucos pães e peixes, saciou grandes multidões (cf. Mt 15,37). Em todas as circunstâncias, o que movia Jesus era apenas a misericórdia, com a qual lia no coração dos seus interlocutores e dava resposta às necessidades mais autênticas que tinham. Quando encontrou a viúva de Naim que levava o seu único filho para sepultar, sentiu grande compaixão pela dor imensa daquela mãe em lágrimas e entregou-lhe de novo o filho, ressuscitando-o da morte (cf. Lc 7,15). Depois de ter libertado o endemoninhado de Gerasa, confia-lhe esta missão: "Conta tudo o que o Senhor fez por ti e como teve misericórdia de ti" (Mc 5,19). A própria vocação de Mateus se insere no horizonte da misericórdia. Ao passar diante do posto de cobrança dos impostos, os olhos de Jesus fixaram-se nos de Mateus. Era um olhar cheio de misericórdia que perdoava os pecados daquele homem e, vencendo as resistências dos outros discípulos, escolheu-o, a ele pecador e publicano, para se tornar um dos Doze. São Beda, o Venerável, ao comentar esta cena do Evangelho, escreveu que Jesus olhou Mateus com amor misericordioso e escolheu-o: *miserando atque eligendo*.[7] Sempre me causou impressão esta frase, a ponto de a tomar para meu lema.

9. Nas parábolas dedicadas à misericórdia, Jesus revela a natureza de Deus como a de um Pai que nunca se dá por vencido enquanto não tiver dissolvido o pecado e superada a recusa com a compaixão e a misericórdia. Conhecemos estas parábolas, três em especial: a da ovelha extraviada e a da moeda perdida, e a do pai com os seus dois filhos (cf. Lc 15,1-32). Nestas parábolas, Deus é apresentado sempre cheio de alegria, sobretudo quando perdoa. Nelas, encontramos o núcleo do Evangelho e da nossa fé, porque a misericórdia é apresentada como a força que tudo vence, enche o coração de amor e consola com o perdão.

Temos depois outra parábola da qual tiramos uma lição para o nosso estilo de vida cristã. Interpelado pela pergunta de Pedro sobre quantas vezes fosse necessário perdoar, Jesus respondeu: "Não te digo até sete vezes, mas até setenta vezes sete" (Mt 18,22) e contou a parábola do "servo sem compaixão". Este, convidado pelo senhor a devolver uma grande quantia, suplica-lhe de joelhos e o senhor perdoa-lhe a dívida. Mas, imediatamente depois, encontra outro servo como ele, que lhe devia poucos centésimos; este suplica-lhe de joelhos que

---

[7] Cf. *Homilia* 21: *CCL* 122, 149-151.

tenha piedade, mas aquele recusa-se e fá-lo meter na prisão. Então o senhor, tendo sabido do fato, zanga-se muito e, convocando aquele servo, diz-lhe: "Não devias também ter piedade do teu companheiro, como eu tive de ti?" (Mt 18,33). E Jesus concluiu: "Assim procederá convosco meu Pai celeste, se cada um de vós não perdoar ao seu irmão do íntimo do coração" (Mt 18,35).

A parábola contém um ensinamento profundo para cada um de nós. Jesus declara que a misericórdia não é apenas o agir do Pai, mas torna-se o critério para individuar quem são os seus verdadeiros filhos. Em suma, somos chamados a viver de misericórdia, porque, primeiro, foi usada misericórdia para conosco. O perdão das ofensas torna-se a expressão mais evidente do amor misericordioso e, para nós, cristãos, é um imperativo de que não podemos prescindir. Tantas vezes, como parece difícil perdoar! E, no entanto, o perdão é o instrumento colocado nas nossas frágeis mãos para alcançar a serenidade do coração. Deixar de lado o ressentimento, a raiva, a violência e a vingança são condições necessárias para se viver feliz. Acolhamos, pois, a exortação do Apóstolo: "Que o sol não se ponha sobre o vosso ressentimento" (Ef 4,26). E, sobretudo, escutemos a palavra de Jesus que colocou a misericórdia como um ideal de vida e como critério de credibilidade para a nossa fé: "Felizes os misericordiosos, porque alcançarão misericórdia" (Mt 5,7) é a bem-aventurança em que devemos inspirar-nos, com particular empenho, neste Ano Santo.

Na Sagrada Escritura, como se vê, a misericórdia é a palavra-chave para indicar o agir de Deus para conosco. Ele não se limita a afirmar o seu amor, mas torna-o visível e palpável. Aliás, o amor nunca poderia ser uma palavra abstrata. Por sua própria natureza, é vida concreta: intenções, atitudes, comportamentos que se verificam na atividade de todos os dias. A misericórdia de Deus é a sua responsabilidade por nós. Ele sente-se responsável, isto é, deseja o nosso bem e quer ver-nos felizes, cheios de alegria e serenos. E, em sintonia com isto, se deve orientar o amor misericordioso dos cristãos. Tal como ama o Pai, assim também amam os filhos. Tal como ele é misericordioso, assim somos chamados também nós a ser misericordiosos uns para com os outros.

10. A arquitrave que suporta a vida da Igreja é a misericórdia. Toda a sua ação pastoral deveria estar envolvida pela ternura com que se dirige aos crentes; no anúncio e testemunho que oferece ao mundo, nada pode ser desprovido de misericórdia. A credibilidade da Igreja passa pela estrada do amor misericordioso e compassivo. A Igreja "vive um desejo inexaurível de oferecer misericórdia".[8] Talvez, demasiado tempo,

---

[8] Exort. ap. *Evangelii gaudium*, n. 24.

nos tenhamos esquecido de apontar e viver o caminho da misericórdia. Por um lado, a tentação de pretender sempre e só a justiça fez esquecer que esta é apenas o primeiro passo, necessário e indispensável, mas a Igreja precisa ir mais além a fim de alcançar uma meta mais alta e significativa. Por outro lado, é triste ver como a experiência do perdão na nossa cultura vai rareando cada vez mais. Em certos momentos, até a própria palavra parece desaparecer. Todavia, sem o testemunho do perdão resta apenas uma vida infecunda e estéril, como se se vivesse num deserto desolador. Chegou de novo, para a Igreja, o tempo de assumir o anúncio jubiloso do perdão. É o tempo de regresso ao essencial, para cuidar das fraquezas e dificuldades dos nossos irmãos. O perdão é uma força que ressuscita para nova vida e infunde a coragem para olhar o futuro com esperança.

11. Não podemos esquecer o grande ensinamento que ofereceu São João Paulo II com a sua segunda encíclica, a *Dives in misericordia*, que então surgiu inesperada suscitando a surpresa de muitos pelo tema que era abordado. Desejo recordar especialmente dois trechos. No primeiro deles, o Santo Papa assinalava o esquecimento em que caíra o tema da misericórdia na cultura dos nossos dias: "A mentalidade contemporânea, talvez mais que a do homem do passado, parece opor-se ao Deus de misericórdia e, além disso, tende a separar da vida e a tirar do coração humano a própria ideia da

misericórdia. A palavra e o conceito de misericórdia parecem causar mal-estar ao homem, o qual, graças ao enorme desenvolvimento da ciência e da técnica nunca antes verificado na história, se tornou senhor da terra, a subjugou e a dominou (cf. Gn 1,28). Um tal domínio sobre a terra, entendido por vezes unilateral e superficialmente, parece não deixar espaço para a misericórdia. (...) Por esse motivo, na hodierna situação da Igreja e do mundo, muitos homens e muitos ambientes guiados por um vivo sentido de fé voltam-se quase espontaneamente, por assim dizer, para a misericórdia de Deus".[9]

Além disso, São João Paulo II motivava assim a urgência de anunciar e testemunhar a misericórdia no mundo contemporâneo: "Ela é ditada pelo amor para com o homem, para com tudo o que é humano e que, segundo a intuição de grande parte dos contemporâneos, está ameaçado por um perigo imenso. O próprio mistério de Cristo (...) obriga-me igualmente a proclamar a misericórdia como amor misericordioso de Deus, revelada também no mistério de Cristo. Ele me impele ainda a apelar para esta misericórdia e a implorá-la nesta fase difícil e crítica da história da Igreja e do mundo".[10] Tal ensinamento é hoje mais atual

---

[9] João Paulo II, Carta enc. *Dives in misericordia*, n. 2.
[10] Ibid., 15.

do que nunca e merece ser retomado neste Ano Santo. Acolhamos novamente as suas palavras: "A Igreja vive uma vida autêntica quando professa e proclama a misericórdia, o mais admirável atributo do Criador e do Redentor, e quando aproxima os homens das fontes da misericórdia do Salvador, das quais ela é depositária e dispensadora".[11]

12. A Igreja tem a missão de anunciar a misericórdia de Deus, coração pulsante do Evangelho, que por meio dela deve chegar ao coração e à mente de cada pessoa. A Esposa de Cristo assume o comportamento do Filho de Deus, que vai ao encontro de todos sem excluir ninguém. No nosso tempo, em que a Igreja está comprometida na nova evangelização, o tema da misericórdia exige ser reproposto com novo entusiasmo e uma ação pastoral renovada. É determinante para a Igreja e para a credibilidade do seu anúncio que viva e testemunhe, ela mesma, a misericórdia. A sua linguagem e os seus gestos, para penetrarem no coração das pessoas e desafiá-las a encontrar novamente a estrada para regressar ao Pai, devem irradiar misericórdia.

A primeira verdade da Igreja é o amor de Cristo. E deste amor que vai até o perdão e o dom de si mesmo a Igreja faz-se serva e mediadora junto dos homens. Por isso, onde a Igreja estiver presente, aí deve ser evidente

---

[11] Ibid., 13.

a misericórdia do Pai. Nas nossas paróquias, nas comunidades, nas associações e nos movimentos – em suma, onde houver cristãos –, qualquer pessoa deve poder encontrar um oásis de misericórdia.

13. Queremos viver este Ano Jubilar à luz desta palavra do Senhor: *Misericordiosos como o Pai*. O evangelista refere o ensinamento de Jesus, que diz: "Sede misericordiosos, como o vosso Pai é misericordioso" (Lc 6,36). É um programa de vida tão empenhativo como rico de alegria e paz. O imperativo de Jesus é dirigido a quantos ouvem a sua voz (cf. Lc 6,27). Portanto, para ser capazes de misericórdia, devemos primeiro pôr-nos à escuta da Palavra de Deus. Isso significa recuperar o valor do silêncio, para meditar a Palavra que nos é dirigida. Deste modo, é possível contemplar a misericórdia de Deus e assumi-la como próprio estilo de vida.

14. A *peregrinação* é um sinal peculiar no Ano Santo, enquanto ícone do caminho que cada pessoa realiza na sua existência. A vida é uma peregrinação, e o ser humano é *viator*, um peregrino que percorre uma estrada até a meta anelada. Também para chegar à Porta Santa, tanto em Roma como em cada um dos outros lugares, cada pessoa deverá fazer, segundo as próprias forças, uma peregrinação. Esta será sinal de que a própria misericórdia é uma meta a alcançar que exige empenho e sacrifício. Por isso, a peregrinação há

de servir de estímulo à conversão: ao atravessar a Porta Santa, deixar-nos-emos abraçar pela misericórdia de Deus e comprometer-nos-emos a ser misericordiosos com os outros como o Pai o é conosco.

O Senhor Jesus indica as etapas da peregrinação através das quais é possível atingir esta meta: "Não julgueis e não sereis julgados; não condeneis e não sereis condenados; perdoai e sereis perdoados. Dai e ser-vos-á dado: uma boa medida, cheia, recalcada, transbordante será lançada no vosso regaço. A medida que usardes com os outros será usada convosco" (Lc 6,37-38). Ele começa por dizer para *não julgar nem condenar*. Se uma pessoa não quer incorrer no juízo de Deus, não pode tornar-se juiz do seu irmão. É que os homens, no seu juízo, limitam-se a ler a superfície, enquanto o Pai vê o íntimo. Que grande mal fazem as palavras quando são movidas por sentimentos de ciúme e inveja! Falar mal do irmão, na sua ausência, equivale a deixá-lo malvisto, a comprometer a sua reputação e deixá-lo à mercê das murmurações. Não julgar nem condenar significa, positivamente, saber individuar o que há de bom em cada pessoa e não permitir que venha a sofrer pelo nosso juízo parcial e a nossa pretensão de saber tudo. Mas isto ainda não é suficiente para se exprimir a misericórdia. Jesus pede também para *perdoar* e *dar*. Ser instrumentos do perdão, porque primeiro o obtivemos nós de Deus. Ser generosos para com todos, sabendo que também Deus derrama a sua benevolência sobre nós com grande magnanimidade.

Misericordiosos como o Pai é, pois, o "lema" do Ano Santo. Na misericórdia, temos a prova de como Deus ama. Ele dá tudo de si mesmo, para sempre, gratuitamente e sem pedir nada em troca. Vem em nosso auxílio, quando o invocamos. É significativo que a oração diária da Igreja comece com estas palavras: "Deus, vinde em nosso auxílio! Senhor, socorrei-nos e salvai-nos" (Sl 70[69],2). O auxílio que invocamos é já o primeiro passo da misericórdia de Deus para conosco. Ele vem para nos salvar da condição de fraqueza em que vivemos. E a ajuda dele consiste em fazer-nos sentir a sua presença e proximidade. Dia após dia, tocados pela sua compaixão, podemos também nós tornar-nos compassivos para com todos.

15. Neste Ano Santo, poderemos fazer a experiência de abrir o coração àqueles que vivem nas mais variadas periferias existenciais, que muitas vezes o mundo contemporâneo cria de forma dramática. Quantas situações de precariedade e sofrimento presentes no mundo atual! Quantas feridas gravadas na carne de muitos que já não têm voz, porque o seu grito foi esmorecendo e se apagou por causa da indiferença dos povos ricos. Neste Jubileu, a Igreja sentir-se-á chamada ainda mais a cuidar destas feridas, a aliviá-las com o óleo da consolação, a enfaixá-las com a misericórdia e

tratá-las com a solidariedade e a atenção devidas. Não nos deixemos cair na indiferença que humilha, na habituação que anestesia o espírito e impede de descobrir a novidade, no cinismo que destrói. Abramos os nossos olhos para ver as misérias do mundo, as feridas de tantos irmãos e irmãs privados da própria dignidade e sintamo-nos desafiados a escutar o seu grito de ajuda. As nossas mãos apertem as suas mãos e estreitemo-los a nós para que sintam o calor da nossa presença, da amizade e da fraternidade. Que o seu grito se torne o nosso e, juntos, possamos romper a barreira de indiferença que frequentemente reina soberana para esconder a hipocrisia e o egoísmo.

É meu vivo desejo que o povo cristão reflita, durante o Jubileu, sobre as *obras de misericórdia corporal e espiritual*. Será uma maneira de acordar a nossa consciência, muitas vezes adormecida perante o drama da pobreza, e de entrar cada vez mais no coração do Evangelho, onde os pobres são os privilegiados da misericórdia divina. A pregação de Jesus apresenta-nos estas obras de misericórdia, para podermos perceber se vivemos ou não como seus discípulos. Redescubramos as obras de *misericórdia corporal*: dar de comer aos famintos, dar de beber aos sedentos, vestir os nus, acolher os peregrinos, dar assistência aos enfermos, visitar os presos, enterrar os mortos. E não esqueçamos as obras de *misericórdia espiritual*: aconselhar os indecisos, ensinar os ignorantes, admoestar os pecadores, consolar os aflitos, perdoar as ofensas, suportar com paciência as pessoas molestas, rezar a Deus pelos vivos e defuntos.

Não podemos escapar às palavras do Senhor, com base nas quais seremos julgados: se demos de comer a quem tem fome e de beber a quem tem sede; se acolhemos o estrangeiro e vestimos quem está nu; se reservamos tempo para visitar quem está doente e preso (cf. Mt 25,31-45). De igual modo ser-nos-á perguntado se ajudamos a tirar da dúvida, que faz cair no medo e muitas vezes é fonte de solidão; se fomos capazes de vencer a ignorância em que vivem milhões de pessoas, sobretudo as crianças desprovidas da ajuda necessária para se resgatarem da pobreza; se nos detivemos junto de quem está sozinho e aflito; se perdoamos a quem nos ofende e rejeitamos todas as formas de ressentimento e ódio que levam à violência; se tivemos paciência, a exemplo de Deus, que é tão paciente conosco; enfim, se, na oração, confiamos ao Senhor os nossos irmãos e irmãs. Em cada um destes "mais pequeninos" está presente o próprio Cristo. A sua carne torna-se de novo visível como corpo martirizado, chagado, flagelado, desnutrido, em fuga... a fim de ser reconhecido, tocado e assistido cuidadosamente por nós. Não esqueçamos as palavras de São João da Cruz: "Ao entardecer desta vida, examinar-nos-ão no amor".[12]

16. No Evangelho de Lucas, encontramos outro aspecto importante para viver, com fé, o Jubileu. Conta o evangelista que Jesus voltou a Nazaré e no sábado, como era seu costume, entrou na sinagoga. Chamaram--no para ler a Escritura e comentá-la. A passagem era aquela do profeta Isaías onde está escrito: "O espírito do Senhor Deus está sobre mim, porque o Senhor me ungiu: enviou-me para levar a boa-nova aos que sofrem, para curar os desesperados, para anunciar a libertação aos exilados e a liberdade aos prisioneiros; para proclamar um ano de misericórdia do Senhor" (61,1-2). "Um ano de misericórdia": isto é o que o Senhor anuncia e que nós desejamos viver. Este Ano Santo traz consigo a riqueza da missão de Jesus que ressoa nas palavras do Profeta: levar uma palavra e um gesto de consolação aos pobres, anunciar a libertação a quantos são prisioneiros das novas escravidões da sociedade contemporânea, devolver a vista a quem já não consegue ver porque vive curvado sobre si mesmo, e restituir dignidade àqueles que dela se viram privados. A pregação de Jesus torna--se novamente visível nas respostas de fé que o testemunho dos cristãos é chamado a dar. Acompanhem-nos

---

[12] *Ditos de luz e amor*, n. 57.

as palavras do Apóstolo: "Quem pratica a misericórdia, faça-o com alegria" (Rm 12,8).

17. A Quaresma deste Ano Jubilar seja vivida mais intensamente como tempo forte para celebrar e experimentar a misericórdia de Deus. Quantas páginas da Sagrada Escritura se podem meditar, nas semanas da Quaresma, para redescobrir o rosto misericordioso do Pai! Com as palavras do profeta Miqueias, podemos também nós repetir: Vós, Senhor, sois um Deus que tira a iniquidade e perdoa o pecado, que não se obstina na ira mas se compraz em usar de misericórdia. Vós, Senhor, voltareis para nós e tereis compaixão do vosso povo. Apagareis as nossas iniquidades e lançareis ao fundo do mar todos os nossos pecados (cf. 7,18-19).

As páginas do profeta Isaías poderão ser meditadas, de forma mais concreta, neste tempo de oração, jejum e caridade. "O jejum que me agrada é este: libertar os que foram presos injustamente, livrá-los do jugo que levam às costas, pôr em liberdade os oprimidos, quebrar toda a espécie de opressão, repartir o teu pão com os esfomeados, dar abrigo aos infelizes sem casa, atender e vestir os nus e não desprezar o teu irmão. Então, a tua luz surgirá como a aurora, e as tuas feridas não tardarão a cicatrizar-se. A tua justiça irá à tua frente, e a glória do Senhor atrás de ti. Então invocarás o Senhor e ele te atenderá, pedirás auxílio e te dirá: "Aqui estou!". Se retirares da tua vida toda a opressão, o gesto ameaçador e o falar ofensivo, se repartires o teu pão com o faminto e matares a fome ao pobre, a tua luz brilhará na escuridão, e as tuas trevas tornar-se-ão como o meio-dia. O Senhor te guiará constantemente, saciará a tua alma no árido deserto, dará vigor aos teus ossos. Serás como um jardim bem regado, como uma fonte de águas inesgotáveis" (58,6-11).

A iniciativa *"24 horas para o Senhor"*, que será celebrada na sexta-feira e no sábado anteriores ao IV Domingo da Quaresma, deve ser incrementada nas dioceses. Há muitas pessoas – e, em grande número, jovens – que estão se aproximando do sacramento da Reconciliação e que frequentemente, nesta experiência, reencontram o caminho para voltar ao Senhor, viver um momento de intensa oração e redescobrir o sentido da sua vida. Com convicção, ponhamos novamente no centro o sacramento da Reconciliação, porque permite tocar sensivelmente a grandeza da misericórdia. Será, para cada penitente, fonte de verdadeira paz interior.

Não me cansarei jamais de insistir com os confessores para que sejam um verdadeiro sinal da misericórdia do Pai. Ser confessor não se improvisa. Tornamo-nos tal quando começamos, nós mesmos, por nos fazer penitentes em busca do perdão. Nunca esqueçamos que ser confessor significa participar da mesma missão de Jesus e ser sinal concreto da continuidade de um amor divino que perdoa e salva. Cada um de nós recebeu o dom do Espírito Santo para o perdão dos pecados; disto somos responsáveis. Nenhum de nós é senhor do sacramento, mas apenas servo fiel do perdão de Deus. Cada confessor deverá acolher os fiéis como o pai na parábola do filho pródigo: um pai que corre ao encontro do filho, apesar de lhe ter dissipado os bens. Os confessores são chamados a estreitar a si aquele filho arrependido que volta para casa e a exprimir a alegria por o ter reencontrado. Não nos cansemos de ir também ao encontro do outro filho, que ficou fora incapaz de se alegrar, para lhe explicar que o seu juízo severo é injusto e sem sentido diante da misericórdia do Pai que não tem limites. Não hão de fazer perguntas impertinentes, mas como o pai da parábola interromperão o discurso preparado pelo filho pródigo, porque saberão individuar, no coração de cada penitente, a invocação de ajuda e o pedido de perdão. Em suma, os confessores são chamados a ser sempre e por todo o lado, em cada situação e apesar de tudo, o sinal do primado da misericórdia.

18. Na Quaresma deste Ano Santo, é minha intenção enviar os *Missionários da Misericórdia*. Serão um sinal da solicitude materna da Igreja pelo Povo de Deus, para que entre em profundidade na riqueza deste mistério tão fundamental para a fé. Serão sacerdotes a quem darei autoridade de perdoar mesmo os pecados reservados à Sé Apostólica, para que se torne evidente

a amplitude do seu mandato. Serão sobretudo sinal vivo de como o Pai acolhe a todos aqueles que andam à procura do seu perdão. Serão missionários da misericórdia, porque se farão, junto de todos, artífices de um encontro cheio de humanidade, fonte de libertação, rico de responsabilidade para superar os obstáculos e retomar a vida nova do Batismo. Na sua missão, deixar-se-ão guiar pelas palavras do Apóstolo: "Deus encerrou a todos na desobediência, para com todos usar de misericórdia" (Rm 11,32). Na verdade todos, sem excluir ninguém, estão chamados a acolher o apelo à misericórdia. Os missionários vivam esta chamada, sabendo que podem fixar o olhar em Jesus, "sumo sacerdote misericordioso e fiel" (Hb 2,17).

Peço aos irmãos bispos que convidem e acolham estes Missionários, para que sejam, antes de tudo, pregadores convincentes da misericórdia. Organizem-se, nas dioceses, "missões populares", de modo que estes Missionários sejam anunciadores da alegria do perdão. Seja-lhes pedido que celebrem o sacramento da Reconciliação para o povo, para que o tempo de graça, concedido neste Ano Jubilar, permita a tantos filhos afastados encontrar de novo o caminho para a casa paterna. Os pastores, especialmente durante o tempo forte da Quaresma, sejam solícitos em convidar os fiéis a aproximar-se "do trono da graça, a fim de alcançar misericórdia e encontrar graça" (Hb 4,16).

19. Que a palavra do perdão possa chegar a todos, e a chamada para experimentar a misericórdia não deixe ninguém indiferente. O meu convite à conversão dirige-se, com insistência ainda maior, àquelas pessoas que estão longe da graça de Deus pela sua conduta de vida. Penso de modo particular nos homens e mulheres que pertencem a um grupo criminoso, seja ele qual for. Para vosso bem, peço-vos que mudeis de vida. Peço-vo-lo em nome do Filho de Deus que, embora combatendo o pecado, nunca rejeitou qualquer pecador. Não caiais na terrível cilada de pensar que a vida depende do dinheiro e que, à vista dele, tudo o mais se torna desprovido de valor e dignidade. Não passa de uma ilusão. Não levamos o dinheiro conosco para o além. O dinheiro não nos dá a verdadeira felicidade. A violência usada para acumular dinheiro que transuda sangue não nos torna poderosos nem imortais. Para todos, mais cedo ou mais tarde, vem o juízo de Deus, do qual ninguém pode escapar.

O mesmo convite chegue também às pessoas fautoras ou cúmplices de corrupção. Esta praga putrefata da sociedade é um pecado grave que brada aos céus, porque mina as próprias bases da vida pessoal e social. A corrupção impede de olhar para o futuro com esperança, porque, com a sua prepotência e avidez, destrói os projetos dos fracos e esmaga os mais pobres. É um mal que se esconde nos gestos diários para se estender depois aos escândalos públicos. A corrupção é uma contumácia no pecado, que pretende substituir Deus com a ilusão do dinheiro como forma de poder. É uma obra das trevas, alimentada pela suspeita e a intriga. *Corruptio optimi pessima*: dizia, com razão, São Gregório Magno, querendo indicar que ninguém pode sentir-se imune desta tentação. Para a erradicar da vida pessoal e social são necessárias prudência, vigilância, lealdade, transparência, juntamente com a coragem da denúncia. Se não se combate abertamente, mais cedo ou mais tarde torna-nos cúmplices e destrói-nos a vida.

Este é o momento favorável para mudar de vida! Este é o tempo de se deixar tocar o coração. Diante do mal cometido, mesmo crimes graves, é o momento de ouvir o pranto das pessoas inocentes espoliadas dos bens, da dignidade, dos afetos, da própria vida. Permanecer no caminho do mal é fonte apenas de ilusão e tristeza. A verdadeira vida é outra coisa. Deus não se cansa de estender a mão. Está sempre disposto a ouvir, e eu também estou, tal como os meus irmãos bispos e sacerdotes. Basta acolher o convite à conversão e submeter-se à justiça, enquanto a Igreja oferece a misericórdia.

20. Neste contexto, não será inútil recordar a relação entre *justiça* e *misericórdia*. Não são dois aspectos em contraste entre si, mas duas dimensões de uma única realidade que se desenvolve gradualmente

até atingir o seu clímax na plenitude do amor. A justiça é um conceito fundamental para a sociedade civil, normalmente quando se faz referimento a uma ordem jurídica através da qual se aplica a lei. Por justiça entende-se também que a cada um deve ser dado o que lhe é devido. Na Bíblia, alude-se muitas vezes à justiça divina, e a Deus como juiz. Habitualmente é entendida como a observância integral da lei e o comportamento de todo bom judeu conforme aos mandamentos dados por Deus. Esta visão, porém, levou não poucas vezes a cair no legalismo, mistificando o sentido original e obscurecendo o valor profundo que a justiça possui. Para superar a perspectiva legalista, seria preciso lembrar que, na Sagrada Escritura, a justiça é concebida essencialmente como um abandonar-se confiante à vontade de Deus.

Por sua vez, Jesus fala mais vezes da importância da fé que da observância da lei. É neste sentido que devemos compreender as suas palavras quando, encontrando-se à mesa com Mateus e outros publicanos e pecadores, disse aos fariseus que o acusavam por isso mesmo: "Ide aprender o que significa: *Prefiro a misericórdia ao sacrifício*. Porque eu não vim chamar os justos, mas os pecadores" (Mt 9,13). Diante da visão de uma justiça como mera observância da lei, que julga dividindo as pessoas em justos e pecadores, Jesus procura mostrar o grande dom da misericórdia que busca os pecadores para lhes oferecer o perdão e a salvação. Compreende-se que Jesus, por causa desta sua visão tão libertadora e fonte de renovação, tenha sido rejeitado pelos fariseus e os doutores da lei. Estes, para serem fiéis à lei, limitavam-se a colocar pesos sobre os ombros das pessoas, anulando porém a misericórdia do Pai. O apelo à observância da lei não pode obstaculizar a atenção às necessidades que afetam a dignidade das pessoas.

A propósito, é muito significativo o apelo que Jesus faz ao texto do profeta Oseias: "Eu quero a misericórdia e não os sacrifícios" (6,6). Jesus afirma que, a partir de agora, a regra de vida dos seus discípulos deverá ser aquela que prevê o primado da misericórdia, como ele mesmo dá testemunho partilhando a refeição com os pecadores. A misericórdia revela-se, mais uma vez, como dimensão fundamental da missão de Jesus. É um verdadeiro desafio posto aos seus interlocutores, que se contentavam com o respeito formal da lei. Jesus, pelo contrário, vai além da lei, a sua partilha da mesa com aqueles que a lei considerava pecadores permite compreender até onde chega a sua misericórdia.

Também o apóstolo Paulo fez um percurso semelhante. Antes de encontrar Cristo no caminho de Damasco, a sua vida era dedicada a servir de maneira irrepreensível a justiça da lei (cf. Fl 3,6). A conversão a Cristo levou-o a inverter a sua visão, a ponto de afirmar na Carta aos Gálatas: "Também nós acreditamos em

Cristo Jesus, para sermos justificados pela fé em Cristo e não pelas obras da lei" (2,16). A sua compreensão da justiça muda radicalmente: Paulo agora põe no primeiro lugar a fé, e já não a lei. Não é a observância da lei que salva, mas a fé em Jesus Cristo, que, pela sua morte e ressurreição, traz a salvação com a misericórdia que justifica. A justiça de Deus torna-se agora a libertação para quantos estão oprimidos pela escravidão do pecado e todas as suas consequências. A justiça de Deus é o seu perdão (cf. Sl 51[50],11-16).

21. A misericórdia não é contrária à justiça, mas exprime o comportamento de Deus para com o pecador, oferecendo-lhe uma nova possibilidade de se arrepender, converter e acreditar. A experiência do profeta Oseias ajuda-nos, mostrando-nos a superação da justiça na linha da misericórdia. A época em que viveu este profeta conta-se entre as mais dramáticas da história do povo judeu. O Reino está próximo da destruição; o povo não permaneceu fiel à aliança, afastou-se de Deus e perdeu a fé dos pais. Segundo uma lógica humana, é justo que Deus pense em rejeitar o povo infiel: não observou o pacto estipulado e, consequentemente, merece a devida pena, ou seja, o exílio. Assim o atestam as palavras do profeta: "Não voltará para o Egito, mas a Assíria será o seu rei, porque recusaram converter-se" (Os 11,5). E todavia, depois desta reação que faz apelo à justiça, o profeta muda radicalmente a sua

linguagem e revela o verdadeiro rosto de Deus: "O meu coração dá voltas dentro de mim, comovem-se as minhas entranhas. Não desafogarei o furor da minha cólera, não voltarei a destruir Efraim; porque sou Deus e não um homem, sou o Santo no meio de ti e não me deixo levar pela ira" (11,8-9). Santo Agostinho, de certo modo comentando as palavras do profeta, diz: "É mais fácil que Deus contenha a ira do que a misericórdia".[13] É mesmo assim! A ira de Deus dura um instante, ao passo que a sua misericórdia é eterna.

Se Deus se detivesse na justiça, deixaria de ser Deus; seria como todos os homens que clamam pelo respeito da lei. A justiça por si só não é suficiente, e a experiência mostra que, limitando-se a apelar para ela, corre-se o risco de a destruir. Por isso Deus, com a misericórdia e o perdão, passa além da justiça. Isto não significa desvalorizar a justiça ou torná-la supérflua. Antes pelo contrário! Quem erra deve descontar a pena; só que isto não é o fim, mas o início da conversão, porque se experimenta a ternura do perdão. Deus não rejeita a justiça. Ele engloba-a e supera-a num evento superior onde se experimenta o amor, que está na base de uma verdadeira justiça. Devemos prestar muita atenção àquilo que escreve Paulo, para não cair no mesmo erro que o apóstolo censurava nos judeus seus

---

[13] *Enarratio in Psalmos*, 76, 11.

contemporâneos: "Por não terem reconhecido a justiça que vem de Deus e terem procurado estabelecer a sua própria justiça, não se submeteram à justiça de Deus. É que o fim da Lei é Cristo, para que, deste modo, a justiça seja concedida a todo o que tem fé" (Rm 10,3-4). Esta justiça de Deus é a misericórdia concedida a todos como graça, em virtude da morte e ressurreição de Jesus Cristo. Portanto, a Cruz de Cristo é o juízo de Deus sobre todos nós e sobre o mundo, porque nos oferece a certeza do amor e da vida nova.

22. O Jubileu inclui também o referimento à *indulgência*. Esta, no Ano Santo da Misericórdia, adquire uma relevância particular. O perdão de Deus para os nossos pecados não conhece limites. Na morte e ressurreição de Jesus Cristo, Deus torna evidente este seu amor que chega ao ponto de destruir o pecado dos homens. É possível deixar-se reconciliar com Deus através do mistério pascal e da mediação da Igreja. Por isso Deus está sempre disponível para o perdão, não se cansando de o oferecer de maneira sempre nova e inesperada. No entanto, todos nós fazemos experiência do pecado. Sabemos que somos chamados à perfeição (cf. Mt 5,48), mas sentimos fortemente o peso do pecado. Ao mesmo tempo que notamos o poder da graça que nos transforma, experimentamos também a força do pecado que nos condiciona. Apesar do perdão, carregamos na nossa vida as contradições que são consequência dos

nossos pecados. No sacramento da Reconciliação, Deus perdoa os pecados, que são verdadeiramente apagados; mas o cunho negativo que os pecados deixaram nos nossos comportamentos e pensamentos permanece. A misericórdia de Deus, porém, é mais forte também do que isso. Ela torna-se *indulgência* do Pai que, através da Esposa de Cristo, alcança o pecador perdoado e liberta-o de qualquer resíduo das consequências do pecado, habilitando-o a agir com caridade, a crescer no amor em vez de recair no pecado.

A Igreja vive a comunhão dos Santos. Na Eucaristia, esta comunhão, que é dom de Deus, realiza-se como união espiritual que nos une, a nós crentes, com os Santos e Beatos, cujo número é incalculável (Ap 7,4). A sua santidade vem em ajuda da nossa fragilidade, e assim a Mãe-Igreja, com a sua oração e a sua vida, é capaz de acudir à fraqueza de uns com a santidade de outros. Portanto, viver a indulgência no Ano Santo significa aproximar-se da misericórdia do Pai, com a certeza de que o seu perdão cobre toda a vida do crente. A indulgência é experimentar a santidade da Igreja que participa em todos os benefícios da redenção de Cristo, para que o perdão se estenda até às últimas consequências aonde chega o amor de Deus. Vivamos intensamente o Jubileu, pedindo ao Pai o perdão dos pecados e a indulgência misericordiosa em toda a sua extensão.

23. A misericórdia possui uma valência que ultrapassa as fronteiras da Igreja. Ela relaciona-nos com o Judaísmo e o Islamismo, que a consideram um dos atributos mais marcantes de Deus. Israel foi o primeiro que recebeu esta revelação, permanecendo esta na história como o início de uma riqueza incomensurável para oferecer à humanidade inteira. Como vimos, as páginas do Antigo Testamento estão permeadas de misericórdia, porque narram as obras que o Senhor realizou em favor do seu povo, nos momentos mais difíceis da sua história. O Islamismo, por sua vez, coloca entre os nomes dados ao Criador o de Misericordioso e Clemente. Esta invocação aparece com frequência nos lábios dos fiéis muçulmanos, que se sentem acompanhados e sustentados pela misericórdia na sua fraqueza diária. Também eles acreditam que ninguém pode pôr limites à misericórdia divina, porque as suas portas estão sempre abertas.

Possa este Ano Jubilar, vivido na misericórdia, favorecer o encontro com estas religiões e com as outras nobres tradições religiosas; que ele nos torne mais abertos ao diálogo, para melhor nos conhecermos e compreendermos; elimine todas as formas de fechamento e desprezo e expulse todas as formas de violência e discriminação.

24. O pensamento volta-se agora para a Mãe da Misericórdia. A doçura do seu olhar nos acompanhe

neste Ano Santo, para podermos todos nós redescobrir a alegria da ternura de Deus. Ninguém, como Maria, conheceu a profundidade do mistério de Deus feito homem. Na sua vida, tudo foi plasmado pela presença da misericórdia feita carne. A Mãe do Crucificado Ressuscitado entrou no santuário da misericórdia divina, porque participou intimamente no mistério do seu amor.

Escolhida para ser a Mãe do Filho de Deus, Maria foi preparada desde sempre, pelo amor do Pai, para ser *Arca da Aliança* entre Deus e os homens. Guardou, no seu coração, a misericórdia divina em perfeita sintonia com o seu Filho Jesus. O seu cântico de louvor, no limiar da casa de Isabel, foi dedicado à misericórdia que se estende "de geração em geração" (Lc 1,50). Também nós estávamos presentes naquelas palavras proféticas da Virgem Maria. Isto nos servirá de conforto e apoio no momento de atravessarmos a Porta Santa para experimentar os frutos da misericórdia divina.

Ao pé da cruz, Maria, juntamente com João, o discípulo do amor, é testemunha das palavras de perdão que saem dos lábios de Jesus. O perdão supremo oferecido a quem o crucificou mostra-nos até onde pode chegar a misericórdia de Deus. Maria atesta que a misericórdia do Filho de Deus não conhece limites e alcança a todos, sem excluir ninguém. Dirijamos-lhe a oração, antiga e sempre nova, da Salve-Rainha, pedindo-lhe que nunca se canse de volver para nós os seus olhos misericordiosos e nos faça dignos de contemplar o rosto da misericórdia, seu Filho Jesus.

E a nossa oração estenda-se também a tantos Santos e Beatos que fizeram da misericórdia a sua missão vital. Em particular, o pensamento volta-se para a grande apóstola da Misericórdia, Santa Faustina Kowalska. Ela, que foi chamada a entrar nas profundezas da misericórdia divina, interceda por nós e nos obtenha a graça de viver e caminhar sempre no perdão de Deus e na confiança inabalável do seu amor.

25. Será, portanto, um Ano Santo extraordinário para viver, na existência de cada dia, a misericórdia que o Pai, desde sempre, estende sobre nós. Neste Jubileu, deixemo-nos surpreender por Deus. Ele nunca se cansa de escancarar a porta do seu coração, para repetir que nos ama e deseja partilhar conosco a sua vida. A Igreja sente, fortemente, a urgência de anunciar a misericórdia de Deus. A sua vida é autêntica e credível, quando faz da misericórdia seu convicto anúncio. Sabe que a sua missão primeira, sobretudo numa época como a nossa, cheia de grandes esperanças e fortes contradições, é a de introduzir a todos no grande mistério da misericórdia de Deus, contemplando o rosto de Cristo. A Igreja é chamada, em primeiro lugar, a ser verdadeira testemunha da misericórdia, professando-a e vivendo-a como o centro da Revelação de Jesus Cristo. Do coração da Trindade, do íntimo mais profundo do mistério de

Deus, brota e flui incessantemente a grande torrente da misericórdia. Esta fonte nunca poderá esgotar-se, por maior que seja o número daqueles que dela se abeirem. Sempre que alguém tiver necessidade poderá aceder a ela, porque a misericórdia de Deus não tem fim. Quanto insondável é a profundidade do mistério que encerra, tanto é inesgotável a riqueza que dela provém.

Neste Ano Jubilar, que a Igreja se faça eco da Palavra de Deus que ressoa, forte e convincente, como uma palavra e um gesto de perdão, apoio, ajuda, amor. Que ela nunca se canse de oferecer misericórdia e seja sempre paciente a confortar e perdoar. Que a Igreja se faça voz de cada homem e mulher e repita com confiança e sem cessar: "Lembra-te, Senhor, da tua misericórdia e do teu amor, pois eles existem desde sempre" (Sl 25[24],6).

Dado em Roma, junto de São Pedro, no dia 11 de abril – véspera do II Domingo de Páscoa ou da Divina Misericórdia – do Ano do Senhor de 2015, o terceiro de pontificado.